JN438576

길 위에서

■

풍 연 숙 시집

오늘의문학사

‖ ‖ 子序 ‖ ‖

목련이 피고
매미가 쨍쨍 울고
고추장처럼 진하게 물든 단풍을 생각합니다

지금은 낙엽이 지는데 말입니다

차례

제2부 ‖ 사랑초

제3부 ‖ 다비식

제4부 ‖ 안경을 벗고

• • •

제1부

한 가닥 손눈썹 같은

목련

이적지 가슴은
쿵하고 무너지는 줄로만 알았는데

온 종일 다리 저리고
관자놀이가 달막달막 하면서

왼편 가슴을
자근자근 씹는 듯
바짝 졸아 붙이는 듯

이내 하얗게
그저 하얗게만 피게 되더군요
그것도 아주 잠깐

나중
가닥가닥 내려앉거든 한번 보세요

그제야 새카맣게 타버린
나를요

5월

셰보이든의 폴카 트위스트가
그림자 둘 사이로 흐르던 날

내리 꽂히는 비수에
심장을 베이던 날

자작나무 그루터기에 앉아
어지러운 나이테를 세며
나이를 잊던 날

산을 덮은 초록은
원래 초록이 아닐 거란 생각을 했어

지구 맨 아래에서
천년을 잠자던 마른 씨앗들의
성스러운 반란

한 가닥 속눈썹 같은

하루만 살면 된다기에 쉬운 줄 알았지

하루만 살면 되는데
설마 칼끝으로 맨살 긁어내는 아픔 있을라고
겨우 하루만 살면 되는데
행복인지 불행인지를 알까

그런데
꼭 하루를 살았는데

한 가닥 속눈썹 같은
빈 껍질 남기기 위해
꽉 찼던 알맹이 삭히며 자진해야 할 줄이야

어머니
반나절만 살게 해 주세요

원점

설마 했던 첫걸음 내디뎠다
몇 번째 시위인가 이것이
저기압으로 뱀처럼 구불거리는 모래가
발끝에서 회오리 돈다

복잡한 네거리
새삼스러운 도로표지판 위로
붙고 떨어내기를 반복하는 중국산 황사

심장에서 꾸역꾸역 나오는 눈물이
보도블록 가장자리를 간신히 들고 머리를 내민
콩 싹 위로 푸딩처럼 쌓인다

체념해야 하는 공식들이
생각나 주질 않는다
배구공만한 머리 떨구는데
벤치?
아는 사람 보이지 않는 여기는 불안한 벤치?
불에 댄 듯 일어났다

익숙한 소리 밀고
나갔던 발 들여 놓았다

여기!

길 위에서

삼백 육십 오일
삼천 육백 오십일
그 곱절을 더 걸어가게 될지 모르는
길 위에서

꼭 가지 않아도 된다는
반쪽 생각을 가지고

지구가 생겨나기 전부터
정해져 있는 길을

걷고 있다

길이 흐르고 있다

방울새 1

억수로 쏟아지는 장맛비
하얗게 물안개 핀 교문 옆에서
작은 우산 쓰고
큰 우산 접어 들고
서 계시던 할아버지

우리 아만 같아봐라
천하에 없는 내 손녀지

학교 끝날 시간 아직 멀었는데
그렇게라도 서 있어야
마음 편하고

달려오는 손녀 안아 주려는 생각에
오는 비 다 맞으면서도 마냥 웃고만 계시던
내 할아버지

방울새 2

할아버지 겉저고리를 뒤졌다
빳빳한 오백 원짜리
떨린 손에 쥐어지고

흘금흘금 뒤돌아보며 달려간 천막에서
때를 모르도록 녹여 먹은 국자 띠기

저녁 무렵
켕긴 마음으로 대문 미는데
할아버지 불호령이 불같이 꽂혔다

어린놈이 벌써 도둑질이여?

대빗자루 반 토막 나도록
매 맞는 오빠는
동생 짓이라 바른 말 못하고

안 그럴게요
안 그럴게요

방울새 3

난 죽으면
새가 될란다

춘분 며칠 앞두고
얄팍하게 얼음 낀 저수지로
숨어 들은 할아버지는
무슨 한으로
두 눈 꼭 감고
입을 다무셨었다

속옷 파고드는 3월 추위에
봉분 다지는 아침부터 저녁까지
잣나무 어디선가
하루 종일 울음 우는 방울새 한 마리

날 좀 봐라
날 좀 봐라
이제는 살 것 같다

방울새 4

윙—집이 울린다
할머니 꿈에 새는 와서 매일 울고

조상을 좀 모셔 와야겠다

유리창이 떨리도록
흥건한 풍물소리에
강신무 몸으로 들어 왔다는
우리 할아버지

숙이야
숙이야

젯상 앞에 쌓인 돈 다 쥐어주시고
손 닳도록 빌어도
강신무 괴롭히는 할아버지는
내 절 받으신 후에
다신 오지 않으마 하셨다

그 달 삭망에 날아온 방울새

나무 위인가
하늘인가
작별 없이 날아갔다

너

네 기분을 이해할 수 있을 때
날개 펴고 푸드덕
하늘에서 보았던
낯선 거리로 가

약속대로 살았지만
떠남이 큰 죄가 되기 전에

부는 바람과
화려한 빛이 나부대는
꿈꾸던 분명한 곳으로
날아가듯 얼른 가

어김없는 푸른 수평선까지 갔더라도
흔들려선 안돼

혀를 찰 만큼 부드럽지 않았다는 걸 기억하라구

노트북

노트북을 샀다. 머리속에 산봉우리 같은 것이 정신없이 주룩주룩 자라더니 우르르 무너지면서 얼굴이 확 달아오르다가 식는다. 허리에 홍두깨라도 낀 듯 불편하고 불안하다.

낯설게 걸터앉은 노트북이 짧지만 찌를 수 있을 만큼 날을 바짝 세운 기형의 무언가로 변하더니 나를 째려보는 것도 같아 겁이 났다. 코끝이 얼크리해지면서 무지룩한 눈두덩이에서 눈물이 쏟아졌다. 지미! 이런 식으로 나가다간 죽도 밥도 안 될 것 같다.

스스로 정리를 잘 해내는 것 같아 요즘 대견해 했더니 또 헛 공사다.

열섬에 떨어진 것처럼 가슴이 덥다.

소녀의 기도

얌전히 소원한다
합장한 손이 곱다

아픈 곳 없이 훤하고
얼굴 주름 하나 없는데
한결같이 소원한다

불타는 트로이를 보며 눈감지 못하는
프리아모스 왕 같은 눈물도 없이
해맑아 보이는데
무엇을 소원하고 있을까

울었을까
눈을 마주치지 않으려는 소녀

따라서 무릎 꿇는다
소녀의 입김이 머리로 흘러내린다

*오래된 미장원에 걸려 있던 '소녀의 기도' 액자 사진을 보고

낙엽

늦가을
쏟아지는 무서리와 나만 떠나면 되나요

겨우내 당신의 피와 살로 나를 사랑했다가
올 삼월 볕 잘 드는 가지에 나오게 하여
여름 내내 행복했지만

예정된 이별이라
나를 떨구고자 해도
망설일 까닭은 없습니다

부서진 몸 한 조각이라도 다행히
땅 위에라도 머물러 준다면
섣달 혹한 속에 자고 깨어
실핏줄까지 얼었다가

명년 봄 내리는 비와 함께
땅속 깊이 녹아들어
당신 뿌리까지 흘러갈 수 있음은

정녕 당신을 잊지 못하는
내 마음이 아니던가요

• • •

제2부

사랑초

풍경

여인은
푸석한 관 모서리 한 번 쓰다듬은 후에야
살았다는 지금을 꿈처럼 잃었다

간지러웠던 맨 처음의 애무를
빡빡 얽은 얼굴로
눈물 혹은 헛웃음 치며 기억하더니
육자배기를 웅변처럼 토해냈다

선물처럼 안겨진 지아비 살비듬이
갈라진 손바닥으로 새어 들고

먹다 남은 저녁 햇살이
까치집처럼 부푼 여인의 머리 위로
미운 오리 새끼들 그림자 둘레로

꾀죄죄하게 내린다
차별 없이 내린다

칼

〈칼의 노래〉를 읽다보니
이순신 장군은 이런 생각을 다 했네요

서로 소통할 수 없는 개별성이 나의 적이었다

수백 명 적의 머리를 베고
코를 베어 죽여도
그들의 죽음을 벨 수 있는 칼이 나에겐 없었다

피를 보이지 못하는 건
칼이 아니라고 생각했는데

빨갛지 않고
말갛게 흐르는 것도
역시 무엇에 찔린 것이 분명하지요?

* 〈칼의 노래〉 : 이훈의 장편소설

어디쯤

오리고 자르고 덮어 쓰기 하다가
100 편 남짓 저장된 원고를 날렸어요

불망 절에 없어지니
황무지에 떨어진 것 같네요

머리카락 휘어잡으면서
살점 뚝뚝 떼어 가면서
여전한 눈물 툭툭 흘리면서
이것만은 내 것이라 몇 년을 공들였었는데
온다 간다 말없이 맹탕이 되고 나니
개뿔이나 한 단어도 생각 안 나요

한 사람에게 줄 슬픈 편지와
한 사람에게 줄 안 슬픈 편지 100장은

누구와 누구에게 들러서
어떠어떠한 사연을 거둬

어디쯤 날아가고 있는 걸까요?

소식

하루에 한 번
나무 잎이 흔들리거나
볼에 바람이 닿거나
자박자박 발자국 소리 들리거든
날아가던 편지구나 생각하시고

기특하다 기분 좋으시거든
부딪힌 바람 편에

씽끗 답장 한 장 보내 주소서

도망

배냇물이 마르고 지금까지 뭍에서 살아온 나에게 바다란 종종 거대한 우울증을 일으키는 폐장 속의 반란군들을 시원히 소제해 주는 걸로만 알았어. 또 허겁지겁 달려갔고. 그런데 바닷물이 이렇게 짠 줄 몰랐어. 희끗희끗 모래사장에는 소금가루 막아 줄 바람막이 하나 없었고, 존재가 콩알 만해져서는 바다고 인생이고 무슨 생각을 하고 있는지, 미국 어디라도 온 것처럼 걸음도 서툴러졌어.

샤워장 땟국물 바다로 흘려보내는 하수구 고인 물에는 알맹이 잊어먹고 발라당 누운 피조개 떼가 이미 분신했더군.

지척에 둔 바다 같은 바다 그 말문 트일 것 같아 발목 한 번 못 담그고 서둘러 등을 돌리고 말았지.

별천지

갈매기도 없고 파도도 없고 비린내도 안 나는
단양 도담삼봉이 새끼 친 것 같은 하롱베이 바다

10일 동안 비가 내리면
인도 차도 아무데서나 그물로 고기를 잡는다는 하노이
들에서 일하는 건 여자
생계를 책임지는 건 여자
까만 눈알 댕글댕글 굴리며
나무그늘에서 띵까띵까 노는 건 남자
거짓말은 잘 하는데
효성은 또 엄청 지극하다는 사람들

현지에서 구입한 10달러 롱 원피스
가방에서 꺼내는데 실밥이 줄줄줄줄
옷감이 종이 같다더니 기술이 특허감이다

앞뒤가 안 맞아 돌아가는 나라
갸우뚱한 고개가 펴지지 않는 나라
베트남

유턴

이십여 분 달렸는데
유턴하고 싶어졌다

둘도 아니고 혼자서
비싼 타이어 닳고
비싼 톨비에
비싼 커피 값 없애가며

거기다가 비도 오는데
무슨 청승으로 이 짓일까

마지노선 천안에서 유턴하고야 마는
이십 분도 못 가는

이놈의 역마살

사랑초

비가 오거나 구름 많은 날이면
예배당 종 치듯이 머리가 아팠어요

엇박자로
들썩일 때마다
출렁거릴 때마다
연두를 밀어 내곤했는데

알면서 일부러 그러는 것처럼
재미있어 죽겠다는 것처럼
말캉한 분홍 아기별이 마구 쏟아지는 거예요

하늘로 가는 영혼이 있다는데
사랑한다 사랑한다 무조건 사랑한다
사방팔방 내려앉는 분홍 무더기는 생전 처음이에요

소주를 마시며 1

아이들 잊고
빨래도 잊고
내일 결재도 잊고

한 잔 두 잔 석 잔 넉 잔
주는 대로 널름널름 받아 먹다
아예 술병까지 깨물어 먹었다

머리 안에 기름을 쳤거나
몸에 스티로폼을 둘러서
충격이 가장 덜할 지금

앉은 이대로
잔을 든 이대로
문어숙회는 목구멍을 넘어가는 이대로

립스틱 지워지고
손톱 밑 까만 때 낀 채로
피식 고개 숙인다 해도

미련은 없다
절대

소주를 마시며 2

새벽 갈증에 잠이 깼다

가방도 그 자리에 있고
양말도 잘 벗어 놓고
세수도 양치도 하고
하던 짓은 제대로 한 것 같다

찬 곳에서 자면 입 돌아간다는데
전쟁나면 곧장 튀어 나갈 태세로
소파에서 잤구나

누구는 노래방 가면 탬버린을 챙겨 온다고 하더니만
시체 놀이 한다고 말아 넣은 휴지가 한 가방이다
삼보 일배 하면서 집에 왔는지
무릎도 얼얼하다

얼마나 뒤집어졌을 것인지
생각만 해도
환, 장, 햐

소주를 마시며 3

몸에 좋다는 매실주가 만만해 보였다

들고 마시고 깔고 마시고
파도주도 먹고 쪽잔도 먹고
웃다가 울다가 노래하다 욕도 했다

출근 택시 안에서 불현듯 생각났다
항아리만한 친구 장미 다발과 생일 케이크
내 것이라고 지랄해서 더러워서 준 것 같은데
무거워서 어떻게 들고 왔을까

케이크와 장미 다발만 보면
술 근처에 안 갔어도 내 것 같이 친근감이 생기는
이 병은, 말하자면
못 얻어먹은 증후군이다

소주를 마시며 4

멸치에 소주 반 병
딱이다

잘 못 알아들을까봐 소리를 지르다시피 하시던
아버지가 생각났다

상감시절 기백을 드러내셔야 하고
잘못했습니다 자식들의 항복을 받으셔야 하고
자리에서 일어날 힘이 없어야 술자리가 끝나던
아버지가 생각났다

나라 걱정에 뉴스를 섭렵하시고
밥에 넣으려 은행을 주워 오시고
큰 딸 오려나 야산에서 호박잎 따오시고
감기로 조퇴한 외손자 병원에 데려가시던
아버지가 생각났다

아버지처럼 나서는 것 좋아하고
아버지처럼 술도 마시니

내 출처 하나는 분명하지 아니한가

진심

세상에서 최고로 깊다는 바이칼 호수의 깊이를 잴 수 없을 것 같아도 레이저를 쏘는 기계가 다 알아낼 것이지만, 손대어도 달막거리는 요 몇 그람짜리 심장의 깊이를 재는 기계는 아직 없다. 아니야, 진짜야 진짜래두, 안 믿겨? 배라도 갈라 보이고 싶네 하! 참말로. 하고는 뒤돌아서는데 실픗 웃음이 난다.

거짓이라고 얘기한 적 없으면 진심이 분명하지만 마음속에서는 그것이 진심인지 거짓인지 다 알고 있으니 심장이 레이저를 쏘는 기계보다 성능이 좋은 것 같다. 심장의 깊이를 알아 낼 기계가 없는 것이 다행이다 싶으면서도 내 자신마저도 이것이 진짜 진심인지 거짓인지 모를 때가 있어 난감할 때가 있다. 진심도 거짓 같고 거짓도 진심 같다.

나는 오늘 진심다운 거짓을 말했다. 말하고 나니 거짓인데도 진심 같았다. 가증스럽게 스스로 진심이라고 최면도 걸었다. 진심이여 참말이여 진짜랑께 내 맘을 몰라서 하는 소리요? 하마터면 이 말도 나올 뻔 했다. 애들 이름을 걸고 진심이요!

어떤 날은 내가 나를 봐도 기가 막힐 때가 있는데 남이 이런 나를 본다면 얼마나 기가 막힐까? 쪽 팔린다.

• • •

제3부

다비식

홍옥

차 한 대 없고
하늘에서 뚝 떨어진 쪽 곧은 6차선 위로
첫 눈 풀풀 날렸던 날

세탁기 청소기 돌리고
검은 콩 넣은 저녁 밥 하기 싫었던 날

첫 눈 친구와 어정쩡하게 나들이 나온 사람을
쪽 곧은 6차선 위에서 툭 만났다

발갛게 곱아 굽혀지지 않은 수줍은 사람의 손에서
똥그랬던 불덩이 홍옥 하나에
에그머니 손을 데이고

따뜻한 방에 앉아
물집 떨어져 새 살 돋은 손으로
조각조각 사과를 깎는 지금

천국에서 홍옥 먹을까
낯 뜨겁게
사람을 생각했다

떡

미운 놈에게 떡 하나 더 준다

직장 상사가
내게만 몰래 쥐어 준
그 떡 하나

배롱꽃

산에 있는 나무려니
키 높이 이상 올려다 본 적이 없었고
몇 년 그 곁을 지나 다녔어도
두툼한 줄기를 눈에 둔 적이 없었다
흘러가는 세월쯤
사람들의 폼나는 발길질을 받아주는 자연쯤
부정하지 못하는 실존이었을 뿐

얼마 전에 마음을 다친 적이 있었다
접자를 다짐하며 커피를 마시다
너무 우연히
우연이라고 말하기엔 너무 강렬한

천년을 끓었을 백두산 마그마 같이
구름을 태워가고 있는 분홍 열꽃을 보았다

자기 정수리에 불을 놓고야 마는
정신 나간 고목을 보았다

농도 짙은 첫 만남이었다

친구

의사도 약사도 아니면서
아픈 곳이 어딘 줄 안다

생전 처음 보는 남처럼 나무랐다가도
예전에 아팠던 곳이라며
약을 발라준다

창피해서 가려둔 곳까지 찾아내어
호를 해 준다

여기는 동창이 아팠던 곳
여기는 큰동서가 아팠던 곳
여기는 여자면 아파야 되는 곳

사방팔방으로 처방을 해 주니
10층에서 떨어져도 죽던 않겠다

아이쿠. 온갖 구질구질한 것은 다 안고 아팠었는데
종당에는 목젖 허옇게 콸콸 웃게 해 준다

네가 아프면 약 발라 주겠단 소린 못하겠다
동의보감 허준 선생도 울고 갈
명의사 내 친구

종이꽃

아름다워라
잘 살아보겠다고 나왔겠지만
사람과 인연 없으니 종이꽃

각별하게 피었다지만
이승에 흘리는 정 없으니 종이꽃

일년 삼백 육십오일
열두 개 심장을 가지고
프라하 소원의 벽도 알고
루비콘 강을 건넌 카이사르도 알고
설악산 종잡을 수 없이 깊은 곳에 사는 눈잣나무도 알았는데

게워 올려진 알약 한 개 때문에
다시 지는 날까지 물대신 밥을 먹고 살아야 한다니

맙소사
이 바보는 종이꽃이 아니란 말인가

가족

TV를 보는데
쭉쭉 빵빵 잘나가는 배우가 묻는다

가족이 뭔가요?

내 딴에는 머릿속을 들락날락
눈알을 딩굴딩굴하는데

얌생이 똥구멍 같은 입으로
촐싹 맞게 답을 한다

편안하게 쉬면서
일하게 하는 힘이 되는 곳

누가 뭐라?

행운

평범해서 다행이에요
수녀나 보살이 되었다면
다 내 죄요
다 내 업이요
산은 산이요 물은 물이요
삶이 그대를 속일지라도 신통하게도 사랑이어라 할 뿐

누굴 미워할 수가 있겠어요
누굴 욕할 수가 있겠어요
목 놓아 울 수가 있겠어요

언제나 고무신 거꾸로 신고
배신 때릴 수 있고
가슴이 터져 나가 괴롭다 해도
아무도 특별나게 봐 주지 않으니 행운이잖아요

천년 만년 옴짝 달싹 못하는 나무였다면 어쩔 뻔 했어요
어수선한 바람이었다면 어쩔 뻔 했어요
완전 행운이에요

한

눈에 잘 안 보이는 곳에 깊이 새겨 넣었다

생에 가장 수치스러웠던 날을 이렇게 기억하리라

살아 있는 한 절대 침묵하리라

치료

웃어 보려고 별걸 다 찾는다

35세 여자입니다
고통없이 빨리 죽는 방법 좀 알려 주세요
장난치지 마시구요 (내공50)

시민　　허경영 불러
y　　　변비약 많이 먹으세요 (채택 바람)
뽕　　　수면제 먹고 바다에서 수영하셈
아줌마　2012년에 지구가 멸망한대요 믿고 기다리세요
초딩　　딸딸이 10번 치면 그냥 죽심더
백수　　살인자를 찾아가서 약을 살살 올리세요
질러　　어떻게 죽을까 계속 생각하세요 세월 갑니다
보살　　수명을 다하면 고통 없이 죽습니다

물에 젖은 김 부스러기가 착 달라붙은 것처럼
답답해서 한숨 날 때 읽으면

한방 나가리

행복

오늘이 결혼기념일이라는 생각 때문에 아침부터 기분이 별로다. 누구 말대로 총에 탕! 맞은 것처럼 가슴이 감쪽같이 없어졌다. 이러면 안 되는데 스트레스 받으면 안 된다. 안 돼……

퇴근하면서 누구와 소주라도 한잔 할까 혹시 걸려드는 친구 있나 휴대폰을 뒤지다 뒤지다 결국엔 집으로 왔다. 나를 보자마자 아이들은 배고프다고 숨이 넘어간다. 아이구 엄마는 술이 고픈데 느그들은 그렇게 밥이 먹고 잡냐? 이 철없는……

자식 이기는 부모 없다고 헐레벌떡 김치찌개와 고등어를 졸여 주었다. 은행 넣은 밥도 하고. 결혼기념일에 떡치게 일하고 와서 아이들과 함께 떡치게 밥을 우걱거렸다.

청년

마음 털어 놓기 싫어요
이해해 달라 말하기 싫어요
나 원래 이런 사람이었소 밝히기도 싫어요

죄 값은 치루면 돼요

오늘 죄 짓고
내일 죄 값 치루고

죄를 짓고 죄 값을 치루고
죄 짓고 값 치루고

짓고 치르고
짓고 치르고
짓고 치르고

눈만 가리고
떨린 손으로 정토의 문을 박차고 나가
사람을 만나 장난치면서
지금은 죄만 지으면 되요

가을이 오기 전까지는요

*김기덕 감독의 영화 〈봄여름가을겨울그리고봄〉을 보며

또 행복

태진님과 순남씨랑 소고기에 한잔했다. 속 터놓고 유쾌하고 즐겁게 각 일 병씩 했다. 내일이 결혼기념일이란 말도 잊지 않았고. 요즘도 면벽하며 도는 잘 닦고 있다고 했는지 고건 생각이 잘 나지 않는다.

내겐 있어도 좋고 없어도 좋은 날 결혼기념일. 받은 적도 없고 해준 기억도 없다. 얼마나 깨끗하고 공평한 날인가.

가식 없는 친구들을 만나 찐젔더니 기분이 째진다. 원망했던 기억을 얼른 나무랬다.

다비식

눈 코 귀 입에 '閉'를 붙인다
숨 쉬지 않으리라
보지 않으리라

불 끄트머리가
보지 않는 눈과
말하지 않은 입과
숨 쉬지 않는 코를 먹어 버린다

거짓말이 녹고
애증이 녹고
전생이 녹는다

스님은 자갈 물은 개구리가 되었다가
돌을 매단 뱀이 되었다가
열반으로 향하는 한 척의 배가 된다

건방지게 나는
무엇에 찔린 것처럼 눈물이 났다

*김기덕 감독의 영화 〈봄여름가을겨울그리고봄〉을 보며

중년

들이마신 숨이 옥돌처럼 목에 걸리고
내쉰 숨이 얼어 발등으로 떨어지는 한겨울

홑바지 고무신에
불상을 들고
허리에 맷돌을 달고

철철이 깊어진 계곡을 넘어 넘어
주왕산 바위산을 올라 간다

얼음폭포에 미끄러지고
불상을 놓치고
발 뒤꿈치에 피가 어리고
세상과 닿은 살점 어디까지 얼어 가고

가물가물 절 보이는 생의 마지막 같은 정상에
기도만 하시는 불상을 앉힌다

겨울에 청년은 중년이 되고
봄에 여름에 생긴 죄를 감추지 않습니다

*김기덕 감독의 영화 〈봄여름가을겨울그리고봄〉을 보며

다시 아이

오늘 죄를 짓고
내일 죄 값을 치러야 하는
청년의 끄나풀을 단 아이가 태어났습니다

개구리 입에 자갈 물리며
봄 여름 가을 겨울까지
죄를 지어야 하는 아이를
부처님은 어쩌지 못합니다

물음표를 짊어진 아이의 죄가
부초처럼 둥둥 가벼워질 때까지

계절은 가만히 있는데
사람만 흘러갑니다

* 김기덕 감독의 영화 〈봄여름가을겨울그리고봄〉을 보며

• • •

제4부

안경을 벗고

질투

결혼한 지 2개월 된 신혼부부가 시댁엘 갔는데, 엄마 된장 맛 최고야, 얼마 만에 먹어 보는 거야 하며 밥상을 덥석 끌어안는 신랑을 보고 새댁은 정말 완전 어이가 없었대요. 그날 많이 싸웠는데 너무 화가 나서 아직 화해하지 않았다는군요. 신랑이 얄미워 죽겠다네요 글쎄.

라디오를 듣다가
벌떡증이 났다

똥 싸구 있네

경자

밤 열시
내 이름 부르다 말고
꺄르르 웃기부터부터 한 전화
깜짝 놀랐다

코를 후비면 새카맣게 먼지가 묻어나오는 서울에서
자식 둘 키우고 신랑 뒷바라지 하고
세 명 들어오면 꽉 찬다는 슈퍼는 잘되니

대문 열면 솰솰 냇물 흘러가고
사시사철 쨍쨍 볕 드는 마루에
까맣게 눌러 붙은 아랫목
한 시간에 한 대 지나가는 반가운 도라꾸 먼지 후욱 일었던
제천 두학촌 가시내야

한번 다녀가라는 말
무슨 뜻인지 안다

장난인 줄 알고 시작했었는데
죽기 아니면 까무러치기라고
아직 장난치듯 살고 있다

밤 열시에
무슨 사단이라도 난 줄 알았다
이 두학촌 가시내야

스잔

스잔, 찬바람이 부는데
스잔, 땅거미가 지는데

흘러간 가수가
보물 같은 우리의 스잔을 불러

같은 이름만 보아도 몸을 감싼 끈 어딘가가 후두둑 터져
한 잔 기울일 틈도 없이 취할 것 같아
인형처럼 웃고 시선 고정이 어려워
밤하늘을 향해 불렀던 노래들이 뭉클하게 떠올라

첫 해 가을 속리산 오리길은 턱턱 떨어지는 낙엽만이 가득했지
십 년 뒤에는 낙엽 위에 무릎을 꿇어봤어
무서지는 소리가 샤사삭 났어
이십년 뒤엔 그 길을 가지 않았지
부르르 살아나기라도 할까봐

스무 살 적 기억이 어제 같으니
아직 내 곁을 떠나지 않았구나 스잔

* 김승진의 대중가요 〈스잔〉

샤방 샤방

오십이 낼 모랜데 아침에 안 깨우면 바로 직격탄
큰 남자

몸에 좋다는 것은 어떻게 알고 무조건 안 먹는
중간 남자

목욕탕에서 때는 밀어도 머리는 안 감고 오는
작은 남자

맘에 안 들면 버럭 하다
맘에 들면 헤헤헤
조조조조울증 하숙집 아줌마

그까이꺼 대충
샤방 샤방

인생 뭐 있어
샤방 샤방

운명 1

황동규 시인은
수십 편의 풍장風葬을 썼고
나는 속 좁은 여자에게 딱 맞게
운명을 쓴다

사십이 넘어 정해진 길을 알았는데
잘못된 지난날은 이미 가버렸으므로
앞으로 잘 하면 될 것 같은데

삐뚤게 살아질 것을 쭉 펴야 하니
남보다 분주할 것은 같다

옷 바로 입고 눈 바로 뜨고
차림새는 멀쩡하면서
이렇게 바보라고 동네방네 방송 해대는 것도
또 다른 풍장이 아닐까

운명 2

모를 때는
삶이 곤고하고

알고 나면
삶이 자유로워진다

운명 3

배에도 머리에도 손에도 발에도
심장이 솟구친다

움직일 수 있음이 고통이다
탓할 수 없음이 고통이다

배 어디 얇은 곳을 찾아서
튀어 나올 것만 같다

함께 살았다는 건
홍정이고 거래라는 공지영 선생님 말씀

더 이상
운명을 가벼이 보지 않을 것이다

운명 4

정해진 대로 살아라
벌을 주셨다

좋은 여자가 되고 싶은데
다 정해져 있다니 힘들다

이승과 저승을 한 발자국 사이에 두고서도
함부로 내디딜 수 없다

정해진 대로
깨져라 눈이 내리고

정해진 대로
툰드라 벌판 같은 놀이터에서 미끄럼을 탔다
사람을 털어 내듯 뺑뺑이를 탔다

정해진 대로
이불 속으로 기어들었다

정해졌음이
다행일 수도 있는가

운명 5

아들
운명은 맞아줘야 하는 폭탄이야
이승에 나온 기념선물

착한 사람 되지 말고 영웅이 되지 말고
박사도 싫고 로또 당첨도 싫어

굵고 짧게 사는 것보다
가늘어도 무조건 길게 살고
부디 자신을 귀하게 여기고
성인의 자존심을 가져

이왕 정해졌다면 뿌리치지 말고
가끔 깊고 길게
태양과 바람 구름과 안개와 파도에게 기대

착각 오해 경원 반목 미움 질투 이별
이 염치없는 것들은 양이 채워졌을 때야
너를 제자리로 보내 줄 테니

죽을 동 말동 할 것이지만 결국은 이길 거야
힘듦의 무게가 널 살게 할 거야

안경을 벗고

물바람이 살랑였다
비 끝 바람이 맵다
TV에서 쫄쫄 짜는 드라마 나오는데
눈물 닦지 않고 본다
손가락 까딱 안하고 흘릴 수 있으니 편하다

얇은 신문지를 덮은 것 같이 사방이 흐리멍덩하니
입이 자동적으로 벌어지고
허벅지부터 힘이 줄줄 새 나간다

시계 안 보이고
대문 안 보이고
한 발 앞도 안 보인다

소파에 팔 다리 쭉 피고 누우니
틈바구니에 딱 맞은 것 같이 편해진다

운명이다

작품해설

길 위에서의 보물찾기

임 승 빈
(시인·청주대 교수)

1

시는 왜 쓰는 것인가. 많은 사람들은 시인이 우리에게 시를 통해 무엇인가를 말하고 있다고 생각한다. 때문에 시에 대한 바람직한 감상은 그 시를 통해 그 어떤 메시지를 발견할 수 있어야 한다는 것이다.

그러나 그렇지 않다. 시는 편지글이 아니다. 무엇인가를 말하려면 편지글보다 더 좋은 것이 어디 있는가. 그런 측면에서 시는 연설문이나, 설명문도 물론 아니다.

시는 말하지 않기 위해 쓰는 글이다. 아무 것도 말하지 않는 언어가 바로 시의 언어인 것이다.

그렇다면 시인은 왜 시를 쓰는가. 그것은 언어행위를 통해서 사유하고, 상상하고, 이 세계를 새롭게 발견하기 위해서이다. 새롭게 발견하고, 새롭게 느끼기 위해서이다. 관습적으로 살면서 관습적으로 느끼던 세계를 거부함으로써 우리의 삶을 더욱 풍요롭게 하기 위해서이다. 지금까지보다 더 많이 그것들을 즐기기 위해서이다.

많은 사람들이 시는 중요한 가치를 밝혀야 하고, 특별한 생각이나 사상을 담고 있어야 한다고 생각한다. 그래야 훌륭한 시라고 말한다.

그러나 그렇지 않다. 아주 사소한 것도 얼마나 새로울 수 있는가, 지극히 평범한 우리의 생활도 얼마나 아름다울 수 있는가를 시는 보여주는 것이어야 한다.

그러니까 독자가 시를 읽는 것은 시를 쓰는 시인처럼 사유하고 상상하기 위해서이다. 이 세계를 새롭게 느끼면서 스스로의 삶을 더욱 풍요롭게 하기 위해서이다. 상상하고 사유하는 것, 이 세계를 새롭게 느끼면서 즐기기 위해서이다.

시를 통해서 그 어떤 메시지를 전달받기 위한 것이 절대 아니다.

2

삼백 육십 오일
삼천 육백 오십일
그 곱절을 더 걸어가게 될지 모르는

꼭 가지 않아도 된다는
반쪽 생각을 가지고

지구가 생겨나기 전부터
정해져 있는 길을

걷고 있다

길이 흐르고 있다

—「길 위에서」 전문

시적 자아는 길을 걷고 있다. 그 길은 그냥 길일 수도 있다. 그러나 삼백 육십 오일은 1년이고, 삼천 육백 오십일은 십년이니까, 그리고 그 곱절은 단순한 20년이 아니라, 평생일 수도 있는 그런 세월이니까, 이때의 길은 인생길, 즉 삶의 여정일 수 있다.

그런데 그 길은 또 지구가 생겨나기 전부터 정해져 있던 길이다. 언뜻 보면 말도 안 되는 것 같지만, 그래서 그 길은 또 운명의 길일 수도 있는 것이다. 시적 자아는 길을 걸으면서 지구가 생겨나기 전부터 지금까지 이어져 내려온 자기존재를 생각하고, 이 삶을 지속할 수밖에 없는 주어진 운명을 생각하는 것이다. 구름만 흐르고, 강물만 흐르는 것이 아니라, 우리네 삶의 길도 우주의 운행을 따라 흐르고 있다는 생각을 하는 것이다. 그런 생각을 했다는 것이지 특별히 무엇을 주장하거나 강조하자는 것이 아니다.

풍연숙 시인의 시는 대개가 다 이렇다. 그냥 언어를 통한 사유의 일단을 슬며시 드러내 놓고 있을 뿐이다.

그런데 그런 사유의 빌미는 일상이다. 하루하루의 생활을 무심코 넘겨버리지 않고, 다시 들여다보면서, 그 속에서 남들이 발견하지 못하는 보물들을 시라는 이름으로 드러내 보여주고 있는 것이다. 우리들 평범한 일상 속에도 이렇게 무수히 많은 보석들이 빛나고 있다는 것을 보여주고 있는 것이다.

억수로 쏟아지는 장맛비

하얗게 물안개 핀 교문 옆에서
작은 우산 쓰고
큰 우산 접어 들고
서 계시던 할아버지

우리 아만 같아봐라
천하에 없는 내 손녀지

학교 끝날 시간 아직 멀었는데
그렇게라도 서 있어야
마음 편하고

달려오는 손녀 안아 주려는 생각에
오는 비 다 맞으면서도 마냥 웃고만 계시던
내 할아버지

—「방울새 · 1」 전문

우산을 들고 손녀를 기다리는 할아버지의 모습이 눈에 선하다. 손녀가 훨씬 작을 텐데도 할아버지는 작은 우산 쓰고, 큰 우산 접어들고 계신다. 그러니까 오는 비를 다 맞을 수밖에 없다. 오는 비를 다 맞는데도 할아버지는 마냥 행복하다. 천하에 없는 손녀가 달려오면 안아 주려는 생각을 하고 있기 때문이다. 거기에다가 '우리 아만 같아봐라/ 천하에 없는 내 손녀지'라는 사투리 섞인 말이 익살스러운 재미를 더한다.

생활시이긴 하지만 풍연숙의 시는 대개가 어둡다. 때로는 고통스럽기까지 하다. 그러나 이 친정할아버지에 대한 기억을 바탕으로 한 〈방울새〉 연작은 아프면서도 재미있고, 듬뿍 묻어나는 정을 느끼게 한다.

이적지 가슴은
쿵하고 무너지는 줄로만 알았는데
온 종일 다리 저리고
관자놀이가 달막달막 하면서

왼편 가슴을
자근자근 씹는 듯
바짝 졸아 붙이는 듯

이내 하얗게
그저 하얗게만 피게 되더군요
그것도 아주 잠깐

나중
가닥가닥 내려앉거든 한번 보세요

그제야 새카맣게 타버린
나를요

—「목련」 전문

봄날 하얗게 핀 목련을 두고 한 사유이다.

목련을 두고 사람들은 아름답다고 느낀다. 흰빛이니까 순결하다고도 느낀다. 그 목련이 떨어져 내려 검게 변한 것을 보면 더럽고 추하다고도 느낀다. 흰빛으로 매달려 있을 땐 좋아하고, 땅에 떨어져 검게 변해 버리면 싫어한다.

그러나 그런 목련을 보고 시적 자아가 느끼는 것은 말할 수 없는 고통이다. 고통스러운 시적 자아가 목련을 자기와 동일화 하고 있기 때문이다. 그런데 그 고통이 아주 구체적으로 드러나 있다. 그냥 고통스럽다고 말하지 않고, 관자놀이가 달막달막하고, 왼편 가슴을 자근자근 씹는 듯, 바짝 졸아 붙이는 듯 하다고 말한다. 그리고 땅에 떨어져 검게 변해버린 꽃잎은 새까맣게 타버린 자기 자신이라는 것이다.

사람들은 시가 압축해서 말하는 것이라고 생각한다. 그러나 이것만큼 잘못된 생각이 없다. 시는 굉장히 많은 말을 짧게 줄여서 말하는 것이 아니라, 아주 구체적으로 늘여서 말하는 것이다. 왜냐하면 시는 단순한 정서의 표현, 정서의 드러냄이 아니라, 정서의 구체화이기 때문이다. 단순한 정서의 표현은 몹쓸 관념이나, 아포리즘이 되기 십상이기 때문이다.

정서의 구체화가 잘 이루어진 성공적인 작품이다.

아이들 잊고
빨래도 잊고
내일 결재도 잊고

한 잔 두 잔 석 잔 넉 잔
주는 대로 널름널름 받아먹다가
아예 술병까지 깨물어 먹었다

머리 안에 기름을 쳤거나
몸에 스티로폼을 둘러서
충격이 가장 덜할 지금

앉은 이대로
잔을 든 이대로
문어숙회는 목구멍을 넘어가는 이대로

립스틱 지워지고
손톱 밑 까만 때 낀 채로
피식 고개 숙인다 해도

미련은 없다
절대

—「소주를 마시며 · 1」 전문

시적 자아는 여성이다. 그것도 직장 여성이다. 그런데 술을 마시는데 아주 도가 텄다. 머리 안에 기름을 쳤거나 몸에 스티로폼을 두른 느낌이 그렇게 실감날 수가 없다. 소주를 절대 석 잔 이상 마시지 못하는 필자에게도 이런 표현은 정말 기가 막힌다.

립스틱은 지워지고, 손톱 밑에 때는 까맣게 껴 가지고, 문어숙회는 지금 막 목구멍을 넘어가는 상태, 이 상태에서 죽는다 해도 생에 미련은 없다는 것이다. 이럴 때 무슨 아이들 걱정을 하고, 미뤄 둔 빨래나, 직장에서의 결재 걱정을 하겠는가.

그러나 시적 자아는 걱정을 하고 있다. 하고 있으니까 아이들도, 빨래도, 결재도 그 와중에 생각나는 것이다. 여성으로서의 몸가짐을 생각지 않는다면서도, 그녀는 지금 자신의 몰골을 스스로 들여다보고 있는 것이다.

그렇다고 해서 애써 이 시가 윤리적이라는 말은 아니다. 술마심의 절대 경지는 이러해야 한다는 것이다. 걱정거리가 있지만, 그 걱정을 떨쳐버려야 제대로 술맛이 난다는 것이다.

그리고 또 여기서 필자가 강조하고자 하는 것은 시는 윤리가 아니라는 것이다. 윤리적인 시가 좋은 시고, 비윤리적인 시가 나쁜 시는 아니라는 것이다. 시는 윤리를 위해 존재하는 것이 아니고, 시가 비윤리적이어도 좋다는 것이 아니라, 진정 훌륭한 시는 윤리를 넘어서 있다는 얘기를 하고 싶은 것이다.

윤리의 문제를 떠나서 이 시만큼 술마심의 느낌을 아주 구체적이고 개성적으로 드러내고 있는 작품도 찾아보기가 어렵다.

> 눈에 잘 안 보이는 곳에 깊이 새겨 넣었다
>
> 생에 가장 수치스러웠던 날을 이렇게 기억하리라
>
> 살아 있는 한 절대 침묵하리라
>
> —「한」 전문

풍연숙의 시는 아프다. 아프면서도 익살스럽다. 그녀의 시에는 화난 표정이 있고, 앞뒤 안 가리고 술을 마시는 사람이 있다.

왜 그럴까. 그것은 우리네 사는 일상이 그렇기 때문이다. 그것은 행복의 연속이 아니라, 고통의 연속이고, 그래서 실상 우리가 산다는 것은 그냥 그렇게 견디는 것이기 때문이다. 그런 삶을 풍연숙은 피하려 하지 않고, 애써 체면 차리지 않고, 솔직하게 대응하기 때문이다.

그렇다고 자존심이 없는 것은 아니다. 그냥 그렇게 드러내 놓고 살지만, 정말 아픈 것은 아프다고 말하지 않는다. 아프다고 말하면, 자기 자신이 그냥 무너져 버릴까봐. 아니, 아프다고 말하면, 그렇게 버티며 살아가는 힘조차 없어져 버릴까봐. 그래서 가장 수치스러웠던 날의 기억은 아무의 눈에도 띄지 않는 곳에 숨겨 두고 절대 침묵하겠다는 것이다.

그게 바로 풍연숙의 한이고, 다름 아닌 우리들의 한인 것이다.

3

풍연숙의 시는 길 위에서의 사념이다. 일상의 고통을 내치지 않고 온몸으로 받아들이며 하는 사유이다. 그것은 매우 솔직하지만, 자존심의 결이 만만치 않게 단단한 것이기도 하다.

그녀는 남들이 쉽게 지나쳐 버리는 일상의 느낌들을 아주 새롭게 발견하는 재주를 가지고 있다. 그래서 삶의 길, 인생의 여정에서 남들이 찾지 못하는 보석을 찾아 우리들에게 보여주고 있는 것이다.

이런 그녀의 시가 앞으로도 계속 우리 곁에서 보석의 빛을 발하길 기대하며 글을 닫는다.

‖ ‖ ‖ 작가의 말 ‖ ‖

어렸을 적 친정할아버지께서는 나를 '말대가리 설삶아 놓은 것 같이' 펄펄 뛰어 다닌다고 좋아하셨고, 얼렁 둘렁 십십한 성격이라고 칭찬을 많이 해 주셨다. 그 후 철이 들고 아프게 세월이 흘러갔다.

상처가 깊은 지금은 아프지만은 않다고 생각하는 세월이 흐르는 중이며, 힘들고 외롭고 거칠고 험난한 운명을 떠안고 거기에 놀아나지 않기 위해 가슴과 머리를 단속하는 세월이 흐르는 중이다.

책을 낸다. 등에 짐을 한 짝 실은 기분이다.

길 위에서

풍연숙 시집

발 행 일 | 2009년 12월 21일

지 은 이 | 풍연숙
발 행 인 | 李憲錫
발 행 처 | 오늘의문학사
출판등록 | 제55호(1993년 6월 23일)

주　　소 | 대전광역시 동구 삼성1동 125-6 한밭오피스텔 401호
전화번호 | (042)624-2980
팩　　스 | (042)628-2983
홈페이지 | http://www.lito77.co.kr(홈페이지)
전자우편 | hs2980@hanmail.net

ISBN 89-5669-350-7　03810

값 7,000원

* 잘못된 책은 바꾸어 드립니다.